DE L'INSUFFISANCE

DES

SUBSISTANCES

EN FRANCE,

ET DE LA NÉCESSITÉ
DE MODIFIER LE SYSTÈME D'AGRICULTURE
ET LA BASE ALIMENTAIRE,

PAR

LE BARON BOUVIER DU MOLART.

> L'expérience du passé doit être la sauvegarde de l'avenir, et c'est dans le développement de la production agricole qu'il faut chercher une garantie certaine contre le retour des souffrances que nous venons d'éprouver.
>
> *(Discours du ministre du commerce et de l'agriculture à la Société centrale.)*

75 centimes.

PARIS,

MOREAU, LIBRAIRE, PALAIS-ROYAL,

PÉRYSTILE VALOIS, 182-183,
ANCIENNE MAISON DELAUNAY.

—

1848

1847

IMPRIMERIE DE GUIRAUDET ET JOUAUST,

RUE SAINT-HONORÉ, 315.

DE L'INSUFFISANCE

DES

SUBSISTANCES.

I

Il est un fait trop long-temps controversé, sur lequel il serait désormais dangereux de se faire illusion et de rester dans une insouciante sécurité : cette triste vérité, c'est que le blé récolté en France, année commune, ne peut plus en nourrir les habitants. Les leçons sévères qu'elle a reçues cinq ou six fois depuis trente ans, et que l'augmentation rapide de la population ne pourrait que rendre plus rigoureuses dans l'avenir, ont enfin éveillé la sollicitude du gouvernement, et fixé sérieusement l'attention des hommes éclairés qui se préoccupent du progrès social et des destinées futures des peuples. Des expédients ont été proposés, des mesures ont été prises pour échapper à la disette de 1847 ; mais un palliatif n'est pas un remède ; la question n'a pas seulement un intérêt d'actualité : et un moyen effectif, radical, permanent, peut seul prévenir le retour périodique de la crise avec une intensité progressive.

Quel est ce moyen ? C'est l'objet de nos recherches.

Les tableaux de recensemen tprésentés à l'assemblée nationale, en 1789, portaient la population du royaume à 24 millions d'habitants. Tous les écrivains du temps ont cru ce chiffre exagéré : les uns le réduisaient à vingt millions, d'autres à dix-huit et même à seize millions. Admettons néanmoins le nombre officiel. D'après le dernier dénombrement, cette population était déjà de près de 36 millions; c'est moitié plus qu'en 1789. Il faut donc que la même étendue de terre qui nourrissait deux individus en nourrisse trois, ou, en d'autres termes, que la nourriture qui était consommée par deux personnes serve aujourd'hui à la subsistance de trois, à moins que les mêmes causes qui ont amené cet excédant de population, ou d'autres causes agissant parallèlement, n'aient produit une augmentation proportionnelle des fruits de la terre.

Voyons donc si ce double effet a été obtenu.

Assurément plusieurs des causes qui ont augmenté la population ont aussi contribué à améliorer les procédés de l'agriculture et à accroître ses produits. On peut même ajouter que nos troubles civils ont engagé un grand nombre de personnes des classes riches à chercher un asile, contre les persécutions du temps, à la campagne, où elles ont porté des loisirs, des lumières et des capitaux, qui, appliqués à des essais de culture, ont combattu, non sans succès, les aveugles habitudes de la routine et obtenu quelquefois de bons résultats. Quelques terres incultes ont été défrichées, et des amendements assez sensibles ont été introduits dans une pratique grossière, dont la longue durée ne peut-être expliquée que par l'état d'avilissement et de mépris où restait abandonné le premier et le plus utile des arts. Mais d'autres causes, opérant en sens contraire, ont à peu près compensé ces avantages. Il a été creusé des canaux, établi des routes, des chemins de fer, élargi des voies vicinales, bâti des maisons, planté des parcs, des jardins d'agrément, et surtout des vignes, dont les terrains enlevés à la production des plantes alimentaires, équivalent, au moins, aux nouveaux défrichements, qui doivent, au surplus, être comptés pour rien si la masse des engrais n'a pas augmenté proportionnellement, ce qui sera établi tout à l'heure.

Il y a aujourd'hui en France plus de deux millions d'hectares cultivés en vignes, un quart de plus qu'en 1789, et l'hectare rend un cinquième en sus de ce qu'il produisait alors. La culture des plantes tinctoriales, oléagineuses, saccharifères et tuberculeuses, qui exigent tant d'engrais, a pris une grande extension aux dépens des céréales ; et si celle des pommes de terre a fourni un aliment nouveau si précieux à l'indigence, elle a nui, dans la déplorable méthode triennale, à la récolte du blé, qui vient mal après elles. L'impôt foncier, comme le plus sûr et le plus facile à lever, a toujours dépassé la proportion de toutes les autres taxes publiques. Hors les bienfaits de la révolution de 1789, l'agriculture, quand elle n'a pas été opprimée, n'a jamais reçu des gouvernements que des encouragements dérisoires. Elle a même eu de tout temps et elle a encore à se plaindre des charges excessives qui l'accablent et des entraves qui arrêtent les efforts qu'elle voudrait faire pour suivre le mouvement progressif d'amélioration imprimé à la société. On sait le sort des sucreries de betteraves, dont le développement aurait enrichi l'agriculture d'un produit devenu de première nécessité, et qui par leurs résidus donnaient les moyens de nourrir et d'engraisser une grande quantité de bétail. Aussi lamasse des engrais n'a-t-elle pas augmenté sensiblement ; et, sans cette condition première et absolue de toute culture, les plus séduisantes théories ne seront jamais que des rêves de la philanthropie. Nous payons toujours le même tribut à l'étranger pour les bestiaux que nous en tirons, desquels l'élève et l'engraissement laisseraient dans le pays le numéraire qui en est exporté pour cet objet, fourniraient aux cultivateurs un supplément utile d'attelages, et leur procureraient une augmentation considérable de ces engrais dont on sent la nécessité, mais que l'on demande aux laboratoires des chimistes !!!... En tenant compte de la valeur des bâtiments et des terrains occupés par les haras et dépôts d'étalons, on dépense annuellement cinq à six millions pour faire d'inutiles chevaux de course, tandis que nous allons acheter chez nos voisins les chevaux de voiture, de cavalerie, d'artillerie, de messageries et même de charrue !

Voilà comme entend l'agriculture en France ! Hors l'Espagne, peut-être, c'est assurément le pays le plus arriéré dans l'art de cultiver la terre.

Mais le principal motif de l'infériorité des progrès de notre agriculture, relativement à l'industrie, c'est que les bras lui ont été et lui sont journellement enlevés pour peupler les ateliers des arts industriels, tandis que, d'après la saine théorie, l'excédant seul de la population nécessaire à la production des subsistances doit être appliqué à l'industrie. Depuis cinquante ans, la population, d'agricole qu'elle était, est devenue rapidement manufacturière. En 1800, les manufacturiers étaient aux agriculteurs comme 6 : 5 ; en 1825, comme 8 : 5, et en 1830 comme 2 : 1. Les grands travaux des chemins de fer, des canaux, des routes, des ports, des monuments publics, etc., ont dû modifier encore cette proportion au préjudice de l'agriculture et surtout des mœurs. Il est facile, en effet, de comprendre que la séduction d'un haut salaire a dû déterminer un grand nombre d'ouvriers à déserter les travaux champêtres, dont le bas prix suffisait pourtant à l'entretien de leur famille, pour aller au loin gagner trois ou quatre francs par jour, presque généralement dissipés dans la débauche, tandis que leurs femmes et leurs enfants restent abandonnés à la charité publique et privée. Que deviendra cette masse de prolétaires après l'exécution des entreprises gigantesques qui les occupent ? Peut-on espérer qu'ils retourneront paisiblement à des travaux beaucoup moins rétribués et à des habitudes de sobriété ? Il est temps d'y penser.

Ainsi les campagnes sont incessamment dépeuplées pour recruter ces populations vicieuses, et c'est dans l'encouragement de cet abus, qu'une administration morale devrait déplorer, que l'habitant des champs trouve un appât corrupteur. Tandis que les ateliers de l'industrie sont souvent embarrassés d'une surabondance de bras oisifs, ce sont des Savoyards, des Suisses, des Badois, des habitants de la Bavière et de la Prusse rhénane, qui viennent faire la fenaison et la moisson dans nos départements de l'est et du nord-est. Dans les environs de Paris même, où la main-d'œuvre est très élevée, les luzernes sont fauchées par des Picards et les blés coupés par des Belges.

D'un autre côté, les ouvriers de l'industrie réclament une augmention du salaire, que leur concurrence fait naturellement baisser sans cesse, et il paraît malheureusement constant que celui qui a de la famille ne peut plus vivre de son travail. Quand ils ne s'insurgent pas, comme à Lyon, à Saint-Etienne, à Anzin, à Darnetal, etc., ils se mettent partout en grève. Or, les émeutes sont toujours l'indice certain ou d'un excédant de population sur les moyens de subsistance, ou d'une mauvaise distribution du travail de la société.

De tels faits ont une grande éloquence. Ils doivent occuper sérieusement les méditations des hommes d'état et de tous les amis de l'humanité. Ils menacent la société d'une nouvelle invasion de barbares, plus dangereuse peut-être pour l'ordre social et la civilisation que celle qui pourrait fondre encore sur nous des plaines glacées du nord. Elle est imminente, inévitable, prochaine, si les progrès visibles du mal ne sont point arrêtés, et si l'administration n'en prépare pas la guérison en protégeant, favorisant, aidant les seuls moyens propres à obtenir des résultats vraiment efficaces et durables. — Ces moyens paraissent être :

1° Une modification radicale du système de culture ;

2° Le changement de la base alimentaire.

II.

De 1789 à 1813, la population s'est accrue d'un tiers, et les produits en céréales n'ont augmenté que d'un dixième (1). Cet accroissement est aujourd'hui de moitié quant à la population, et rien n'indique que l'augmentation des subsistances ait suivi la même progression. En 1813, l'agriculture avait reçu, par l'abolition de la féodalité et par la division des propriétés, à peu près tous les encouragements utiles qui lui ont été donnés jusqu'à présent ; tandis que c'est aux prohibitions

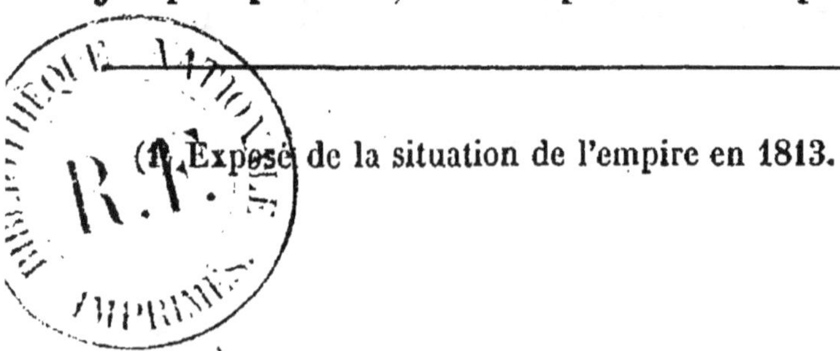

(1) Exposé de la situation de l'empire en 1813.

du système continental que l'industrie doit le développement immense et trop étendu peut-être qui commence à être pour elle-même une cause d'embarras et pour la société un sujet grave d'inquiétude. La nourriture qui, en 1789 , était répartie entre 24 millions d'habitants, augmentée d'un dixième au plus, ne peut donc aujourd'hui suffire à 36 millions. D'un autre côté , les classes moyennes, s'étant accrues et jouissant incontestablement d'une plus grande aisance qu'autrefois, consomment davantage et diminuent encore la part des pauvres. Cet état des choses conduit nécessairement à l'une des trois conséquences suivantes :

1° L'achat à l'étranger de la quantité de blé qui nous manque;

2° La diminution de la population ;

3° L'augmentation des substances alimentaires.

En supposant, ce qui n'est pas admissible, que la France, ilote de l'Amérique et d'Odessa, pût y envoyer annuellement plusieurs centaines de millions, cette ressource serait encore très précaire et livrerait l'existence du peuple à une foule d'éventualités auxquelles une bonne police ne peut pas se soumettre.

La seconde conséquence , la diminution de la population, serait amenée naturellement par la force des choses, si l'on ne pouvait obtenir de plus grands produits de la terre, puisqu'il est de toute évidence que la population est nécessairement bornée aux moyens de subsistance.

Il ne reste donc qu'à examiner s'il est bien difficile de faire produire au sol fertile de la France, favorisé par le plus doux climat, une quantité de subsistances qui suffise aux besoins de ses habitants.

Eh bien! si quelque déplorable mesure fiscale ne vient pas arrêter les progrès des procédés nouveaux de culture qui s'étendent rapidement du nord au midi, on peut prédire avec certitude que le temps n'est pas éloigné où les terres les plus stériles, les craies de la Champagne et les sables de la Sologne, seront plus productifs que les terres à blé de la Beauce et de la Brie. Cette prédiction n'est pas fondée sur une de ces théories chimériques toujours suivies de déceptions ruineuses; elle est la conséquence facile à prévoir d'une pratique qui a pris naissance sur les bords de l'*Oder*, du côté de *Stettin*; qui s'est propagée, de proche en proche, au long de la mer Baltique, dans le Hanovre, sur les deux rives du Rhin et de la Moselle, et a fait déjà de nombreux prosélytes dans les six départements de la Lorraine et de l'Alsace.

Il s'agit de la culture en grand de la pomme de terre pour la distillation.

Voici quelle est cette pratique, que j'ai adoptée moi-même, et par laquelle j'ai remis en bon état une ferme ruinée, augmenté son rendement dans la proportion de 2 à 15 et sa valeur capitale au point qu'elle vient d'être vendue le quadruple du prix qu'elle avait coûté quinze ans auparavant. *Experto crede....* Son exposition doit être précédée de quelques réflexions.

Sans nier les bons effets qui peuvent résulter du perfectionnement des instruments aratoires, des irrigations, des assolements, etc., il faut reconnaître que tout le secret de l'agriculture consiste à obtenir d'abondants engrais à bon marché. En France on a toujours traité la terre comme une fabrique de blé, qui l'épuise sans rien lui rendre; tandis qu'en Angleterre, en Belgique, en Hollande, dans le Hanovre, en Prusse, etc., on *pivote*, pour me servir du terme technique, sur les fourrages, au lieu de pivoter sur les grains. On a compris dans ces pays, à l'égard desquels notre agriculture est si déplorablement arriérée, qu'avec des fourrages on peut entretenir des bestiaux, qu'avec des bestiaux on a du fumier, et qu'avec du fumier on fait rendre à la terre tout ce qu'on veut. Ses produits, en effet, ne sont jamais en raison de la surface cultivée, mais en raison directe des engrais qu'on lui donne. Un hectare convenablement fumé sera couvert de plus d'épis que quatre hectares de terrain épuisé, et n'occasionnera que le quart des frais.

La culture de la pomme de terre pour la distillation, indépendamment des avantages bien précieux et d'un ordre supérieur qui seront expliqués tout à l'heure, fournit au cultivateur cette masse d'engrais si désirée, non seulement à bon marché, mais *pour rien.*

En preuve de cette assertion, qui paraîtra sans

doute étrange à nos savants agronomes de l'Hôtel-de-Ville, je dirai simplement ce que j'ai fait, à l'exemple des pays cités, où cette pratique est généralement suivie sur la plus petite comme sur la plus grande échelle.

Ma ferme a été divisée en quatre soles d'égale étendue, et j'ai établi la rotation suivante :

1° Pommes de terre fumées ;

2° Orge ou avoine, avec graines de trèfle ;

3° Trèfle ;

4° Céréales d'automne avec les engrais obtenus depuis la plantation des pommes de terre.

On voit que cet assolement n'est autre que celui de Norfolk, si justement vanté pour les terres légères, avec la substitution de la pomme de terre aux navets ou turneps.

La première sole rendait moyennement six mille sacs de pommes de terre à 115 kilogrammes l'un, dont la distillation payait la matière première ainsi que tous les frais, et laissait même un assez bon bénéfice, malgré l'impôt énorme perçu par le fisc prussien (1), qui ne sait que prendre, sans protéger ses contribuables contre la contrebande des pays voisins, où la même industrie s'exerce librement. Les résidus, équivalant à plus de 200,000 kilogrammes de fourrage sec, étaient servis chauds au bétail,

---

(1) Cette terre est devenue prussienne par le traité de Paris, qui a cédé Sarrelouis et son territoire.

qui, avec eux, s'accommode des plus mauvais foins. Tous les animaux de la ferme les mangent avec avidité, et les bœufs s'en engraissent parfaitement, avec la seule addition de deux à trois kilogrammes de pains d'huile de colza par individu, pendant les deux derniers mois.

Avec ce supplément considérable de fourrages, j'ai pu élever tout ce qui naissait, prendre mes attelages parmi mes plus beaux élèves, et ne livrer à la vente le trop plein des écuries et des étables que quand il avait atteint sa plus grande valeur.

On comprendra que pour obtenir beaucoup de fumier de ce nombreux bétail, recevant deux ou trois fois par jour jusqu'à douze grands sceaux de cette nourriture liquide, il ne fallait que ne pas le laisser manquer de litière. Quand les pailles ne suffisaient pas, on y suppléait par des feuilles mortes, des genets, de la bruyère, de la tourbe sèche, etc., de manière à recueillir tout ce qui sortait des animaux. Des puits établis à chaque tas de fumier recevaient les eaux qui s'en écoulaient ; une pompe les élevait dans un tonneau placé sur un chariot qui les transportait sur les prés ou sur les terres. C'est ainsi que je pouvais donner à mes terres, en quatre ans, une fumure et demie.

Dans cet assolement quadriennal tout le produit des trois premières soles était consommé par le bétail ; car l'orge maltée de la seconde était mêlée, dans la distillerie, à la pomme de terre pour en développer la partie sucrée, et se retrouvait dans les résidus, et l'avoine était mangée par les chevaux. Je n'obtenais pas moins, la quatrième année, plus de céréales d'hiver que par la misérable méthode triennale. Ces grains suffisaient à peine pour payer les frais de culture : les bénéfices sortaient des étables et de la distillerie.

On demandera peut-être comment, en passant du système triennal à l'assolement de quatre ans, on peut fumer la première sole de pommes de terre. Je répondrai que, s'il est impossible de se procurer les fumiers nécessaires à cet effet, soit par achat, même à haut prix, soit par des moutons, on s'en passe. Sans doute on obtient, dans ce cas regrettable, une récolte moins abondante de pommes de terre, mais elles n'en contiennent relativement que plus d'alcool, et la qualité supplée presque à la quantité.

On répétera aussi que la terre se fatiguerait à produire du trèfle tous les quatre ans. Cela peut être vrai pour les terres qui, comme dans toutes nos contrées de grande culture, ne reçoivent d'engrais que tous les neuf ou même que tous les dix huit ans; mais j'ai tout lieu de croire que cet inconvénient se présentera très rarement dans celles qui, comme les miennes, sont entretenues dans un bon état de fertilité par une fumure et demie en quatre ans.

Enfin on concevra des doutes sur le placement des produits de la distillerie. Cette inquiétude n'en sera bientôt une que pour les propriétaires de vignobles. La pomme de terre est appelée à leur faire une redoutable concurrence. Les esprits de pommes de terre ont déjà repoussé ceux du midi de plusieurs départements du nord-est ; déjà ils ont envahi la capitale, où ils sont préférés dans les arts, parce qu'ils sont plus élevés en degrés ; par les liquoristes, parce qu'ils n'ont aucun goût, et par le commerce, qui les coupe avec des bons goûts, parce qu'ils sont moins chers. Un de mes voisins, du département de la Moselle, en envoie à une des principales maisons de banque et de commission de Paris plus de deux mille hectolitres, produits de sa culture et de sa fabrication.

Les moins contestables de toutes les démonstrations, les faits qui se passent en Westphalie, en Hanovre, en Prusse, naguère les pays les plus pauvres de l'Europe, attestent que les conséquences naturelles et immédiates de la culture en grand de la pomme de terre sont :

1° La fécondation des plus mauvaises terres ;

2° Une meilleure alimentation du peuple ;

3° L'augmentation rapide de la population, sans que la disette soit désormais à craindre.

III.

Toutes les terres sont plus ou moins propres à la culture des pommes de terre ; mais elle est beaucoup plus pénible dans les terrains argileux, et, quand l'année est humide, ces tubercules sont exposées à la pourriture dans ceux où l'eau séjourne. Les sables les plus rebelles à la production du blé donnent les pommes de terre les plus farineuses, c'est-à-dire contenant le plus de parties nutritives, sucrées et alcooliques. Ils permettent la culture économique à la charrue pour les trois opérations de la plantation, du sarclage et du buttage. Avec une quantité suffisante d'engrais on peut en obtenir jusqu'à six cents hectolitres par hectare. Après cette intéressante récolte, les terres sont parfaitement disposées à recevoir la semence des céréales du printemps et celle de trèfle, et, après le trèfle, le froment et le seigle viennent très-bien sur un seul labour, surtout avec un supplément d'engrais. C'est à cet assolement, qui y est généralement suivi, que la Prusse, avec son mauvais sol, doit la progression de population la plus rapide de tous les pays de l'Europe. Ce ne serait peut-être pas un paradoxe de dire que c'est la pomme de terre qui a élevé les arides marches de Brandebourg au rang des grandes puissances.

Partout où deux personnes peuvent vivre il se fait un mariage. Or, l'étendue de terre cultivée en blé nécessaire à la subsistance de deux individus peut en nourrir huit planté en pommes de terre. Les terrains même les plus impropres à toute autre culture peuvent être fertilisés par la culture des pommes de terre. La faculté d'entretenir beaucoup de bétail augmente encore précieusement la masse des substances alimentaires d'une plus grande quantité de laitage et de viande.

Dans la partie de la Prusse où est située la terre que je faisais valoir, le moindre paysan, quand il ne peut pas cultiver la pomme de terre pour la distillation, en plante assez, du moins, ne fût-ce que dans des portions communales, pour les besoins de sa famille et de ses bestiaux. On y trouverait difficilement un simple manœuvre qui n'ait une bête à corne, un porc et quelques moutons. Quand il n'a pas le moyen d'avoir une vache, ce qui est très rare, il possède au moins une génisse, un veau, qu'il élève, et qui est pour lui un objet de commerce que facilitent les nombreux marchés établis dans presque tous les villages. S'il a besoin de quelque argent, au lieu de l'emprunter à usure, il conduit sa vache à la foire, la vend et en achète une autre d'un moindre prix, qu'il remet en état et revend avec bénéfice. Cette utile industrie fournit à l'habitant le plus pauvre des engrais, au moyen desquels il peut prendre à ferme quelques sillons et en tirer une existence moins précaire que celle qui est fondée uniquement sur des salaires, toujours incertains. Aussi cette circonstance, jointe à la difficulté de trouver des fermiers assez riches pour monter convenablement une grande exploitation, engage-t-elle nombre de propriétaires à louer leurs terres en détail, et, contrairement à ce que qu'on voit ailleurs, ce ne sont pas les plus mal cultivées.

Partout où ce système de culture a été adopté, le pain est devenu un objet de luxe ou de dégoût, et n'est plus la base alimentaire du peuple, ni même des classes riches. Cette base, pour les cultivateurs aisés comme pour les pauvres, c'est la pomme de terre et le laitage sous toutes ses formes, avec plus ou moins de viande, selon le degré d'aisance. Dans toutes les fermes le dîner se fait invariablement sans autre pain que pour la soupe. Quand le repas est terminé, on en donne aux domestiques et aux ouvriers un morceau, qu'ils emportent aux champs. Le souper est exclusivement composé de pommes de terre et de lait caillé. Chez moi, un bon pain était donné à discrétion à mes gens, et ils en mangeaient fort peu. De sensibles philanthropes s'apitoyent à tort sur le malheureux sort des hommes réduits à cette nourriture, comme si la bouillie de sarrasin à l'eau des Bretons, les châtaignes de l'Auvergne et du Limousin, le grossier pain d'orge des meilleurs provinces de la France, étaient des mets bien délicats. Comment ne savent-ils pas qu'en Angleterre, en Hollande, en Belgique, dans toute l'Allemagne, on ne sert pas, même sur les tables de l'opulence, un plat de poisson ou de viande sans présenter en même temps des pommes de terre cuites à la vapeur, que l'on mange au lieu de pain ? Un Anglais, un Belge, un Hollandais, un Allemand, ne mange pas deux onces de pain par jour, et l'on voit ces étrangers, dans les restaurants de Paris, préférer la pomme de terre sans aucun assaisonnement à nos petits pains de fine farine de gruau. Tous les enfants l'aiment, tandis qu'ils repoussent la plupart des autres légumes et ne mangent de pain

que contraints par leurs parents, ou sollicités par
la faim, et à défaut d'autres aliments. Pour peu
que l'on y mêle une substance azotée, elle est une
excellente nourriture. Avec la culture de la pomme de terre comme en Prusse, le prix du bœuf
descendra, aussi comme en Prusse, à 5o centimes
le kilogramme, et celui de veau à 3o. Il sera alors
fort inutile de conseiller au peuple de manger de
la viande, tandis que l'ingénuité de ce conseil,
donné aujourd'hui avec une incroyable insi-
stance, rappelle le mot de cette bonne princesse
fille de Louis XV. Si la consommation de la
viande pouvait devenir générale dans la situation présente, le prix s'en élèverait bientôt au-
dessus de la portée des classes moyennes, et dans
trois mois il n'y aurait plus une tète de bétail
dans le royaume.

La pomme de terre étant cultivée pour le bétail
et la distillation, bien plus encore que pour la
nourriture des hommes, la population en recevra
un très rapide accroissement, qui sera sans danger puisqu'il sera le résultat d'une augmentation
proportionnelle des subsistances. Aucune disette
ne sera plus à redouter. On conçoit, en effet, que,
le prix des pommes de terre suivant toujours la
hausse des grains, du moment où il s'élèverait au
dessus du taux auxquel elles peuvent être livrées
à la distillation, celle-ci s'arrêterait naturellement, sans que la police de l'état eût besoin d'in-
tervenir, et une masse énorme de subsistances serait ainsi rendue à la consommation. Cette immense ressource doit être appréciée de manière à
inspirer toute sécurité, si l'on considère que le

cultivateur, du département de la Moselle duquel j'ai déjà fait mention distille seul trente-deux mille grands sacs de pommes de terre, formant plus de quarante mille hectolitres. D'un autre côté, quand le besoin se fera sentir, on tuera une pièce de bétail et on la mangera avec les tubercules qu'elle aurait consommés.

Mais la maladie des pommes de terre !…

Voilà encore une de ces savantes découvertes de la science appliquée à l'agriculture, desquelles la pratique ne saurait trop se méfier. Il n'y a point de maladie des pommes de terre. Il y a eu, dans l'année pluvieuse de 1845, des pommes de terre gâtées, pourries, surtout dans les terres basses et qui retiennent l'eau. Le même effet s'est toujours présenté et se représentera toujours dans les mêmes circonstances. S'il a eu plus de retentissement dans ces derniers temps, c'est d'abord parce qu'il a été général; en second lieu, parce que la pomme de terre entre aujourd'hui pour une plus grande part dans la nourriture du peuple, et enfin parce que le déficit qu'elle a laissé dans la consommation a été d'autant plus sensible qu'il a coïncidé avec une très mauvaise récolte de céréales. Les pluies de 1816 et 1817 ont aussi pourri ou du moins gravement détérioré les pommes de terre; mais, hors les départements du nord et du nord-est, où ce fait a été senti comme une calamité, il a passé inaperçu dans le reste de la France, où ce précieux tubercule n'était encore que peu ou point connu. On doit se rappeler l'active sollicitude de Parmentier pour faire admettre et propager la culture de cette solanée, à laquelle on s'est vainement efforcé d'attacher son nom.

On objecte que l'année 1846 a été affligée d'une sécheresse extraordinaire, et que néanmoins le même effet a été produit qu'en 1845. On oublie que, si l'été, par son aridité, a arrêté toute végétation, l'automne a été très pluvieux. Or la pomme de terre a besoin d'eau pour croître et se développer ; mais il lui faut, vers l'arrière-saison, de la chaleur et un temps sec, et c'est ce qui lui a manqué en 1846, aussi bien que dans l'année précédente. Quand l'automne est humide et froid, les fanes de la pomme de terre se couvrent, principalement dans le voisinage des eaux, de taches noires qui paraissent être de même nature que la rouille du blé et provenir de la même cause. Les cultivateurs peu éclairés disent alors que *la manne est tombée dessus*. Si, en même temps, la terre est imbibée, la peau des tubercules se gerce, devient galeuse, et la décomposition commence. L'Irlande, dans sa situation insulaire, avec ses brouillards, ses *bogs*, son sol plat et tourbeux, doit être frappée souvent, avec plus ou moins d'intensité, de ce désastre. Quand les causes naturelles en sont si palpables, il est fâcheux que *la science*, qui veut toujours tout expliquer comme la dent d'or, publie de belles pages pour accréditer une erreur qui n'est pas sans danger. Les malheureux Irlandais, dans la défiance de la prétendue maladie, n'ont planté, en 1847, que le sixième de la quantité ordinaire de pommes de terre, dont la récolte, cette année, est excellente, mais ne suffit pas pour les mettre à l'abri d'une nouvelle disette au printemps prochain.

On met aussi beaucoup trop de négligence dans la plantation. Grâces encore aux instructions de nos savants agronomes de la capitale, bon nombre de cultivateurs ne mettent en terre que des fragments du tubercule, un œil, une pelure, bien plus exposés à être détruits par les insectes ou par les vicissitudes de la température que ne le serait une pomme de terre moyenne et entière, qui fournirait à la plante les premiers sucs nourriciers dont elle a besoin. Ces mêmes cultivateurs choisiront avec soin les plus beaux blés de leurs greniers pour semer, souvent même ils ne s'en contenteront pas et iront en acheter au loin; ils mettront la même sollicitude dans le choix de toutes les autres semences, de leurs graines de jardins : la pomme de terre seule est traitée avec un dédain regrettable et qui annonce peu d'esprit d'observation.

En résumé, j'ai puisé dans les pratiques que j'ai vues à l'étranger, et dans ma propre expérience, les profondes convictions suivantes :

1° La pomme de terre fera incessamment une heureuse révolution dans l'agriculture de la France.

2° Elle nous délivrera du tribut que nous payons à l'étranger pour l'achat des bestiaux qui nous manquent.

3° Elle améliorera la nourriture du peuple par une plus grande consommation de viande et de laitage.

4° Elle fera arracher les vignes en plaine, dont les fertiles terrains seront rendus à d'autres cultures.

5° Elle arrêtera la déplorable et menaçante émigration des habitants des campagnes au profit des villes.

6° Elle donnera du travail aux femmes, desquelles il est si difficile et si utile d'occuper les bras.

7° Elle favorisera l'accroissement de la population, qui de long-temps ne causera plus d'inquiétude.

8° Elle ouvrira une carrière aussi honorable qu'avantageuse à cette foule de jeunes gens sans présent et sans avenir, élevés peut-être imprudemment pour les travaux de l'esprit, et qui demandent à la société une existence qu'elle ne peut pas leur donner. Dans le nord de l'Europe et en Allemagne, on fait des études spéciales pour être régisseur d'un domaine, et c'est un état considéré.

9° Enfin l'agriculture en France, modifiée d'après les principes dont l'expérience, chez nos voisins et chez nous-mêmes, a démontré l'excellence, est de toutes les industries honnêtes celle qui peut produire l'intérêt le plus élevé des capitaux et de l'intelligence qui y seraient appliqués. Si mon âge me laissait de l'avenir, j'irais acheter, en Champagne ou en Sologne, deux à trois cents hectares de craies ou de sables, et je ne serais pas embarrassé de tirer de mes fonds dix fois plus d'intérêts que de la meilleure ferme de la Picardie.

FIN.